28 octobre 1896

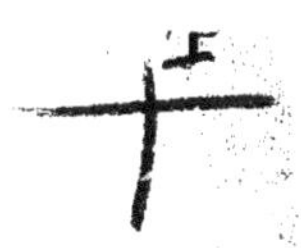

(N° 147)

VENTE DU MERCREDI 28 OCTOBRE 1896

HOTEL DROUOT SALLE N° 8.

ESTAMPES

DES XVIIe ET XVIIIe SIÈCLES

GRAVURES AU BURIN ET A L'AQUATINTE

LITHOGRAPHIES ET EAUX-FORTES

GRAVURES EN LOTS

Me MAURICE DELESTRE,	M. DUPONT AINÉ,
COMMISSAIRE-PRISEUR	MARCHAND D'ESTAMPES
5, Rue Saint-Georges, 5	15, Rue de Seine, 15

28 Octobre 1836

CATALOGUE

N° 147

D'ESTAMPES

DES XVIIe ET XVIIIe SIÈCLES

GRAVURES AU BURIN ET A L'AQUATINTE

Lithographies et Eaux-fortes

COSTUMES, EX-LIBRIS, PORTRAITS, VUES DE FRANCE

Estampes relatives à Napoléon

GRAVURES EN LOTS

DONT LA VENTE AUX ENCHÈRES PUBLIQUES AURA LIEU

HOTEL DES COMMISSAIRES-PRISEURS, RUE DROUOT

Salle n° 8

Le Mercredi 28 Octobre 1896

à deux heures précises.

Par le ministère de Me **MAURICE DELESTRE,** commissaire-priseur,
Rue St-Georges, N° 5.

Assisté de M. **DUPONT** aîné, marchand d'Estampes, rue de Seine, n° 15.

Paris, 1896.

CONDITIONS DE LA VENTE

Elle sera faite au comptant.

Les acquéreurs paieront *cinq pour cent* en sus des enchères applicables aux frais.

M. Dupont se réserve la faculte de réunir ou de diviser les lots.

L'Ordre du Catalogue sera suivi.

DÉSIGNATION

ESTAMPES

ADAN (Em.)

1 — La Musique. — La Danse, photogravures. Deux pièces en bistre.

ALBRIER

2 — Jean-Jacques Rousseau. — Millevoye, par Hip. Huet. Deux pièces avant la lettre.

ALMA TADÉMA

3 — The bath, par Rajon. Belle épreuve en bistre.

AUBLET

4 — Assassinat du duc de Guise à Blois, le 23 décembre 1588, par Manigaud, grand in-fol. Belle épreuve sur chine.

BARRY (J.)

5 — La Naissance de Vénus, aquatinte. Très belle épreuve ; un coin enlevé.

BAUDRY (Paul)

6 — Les Bergers, par Bertinot. — Le Rêve de Ste Cécile, par Dubouchet. — Apollon et Marsyas ; plafonds du Nouvel Opéra. Trois pièces avant la lettre sur chine.

7 - Les Muses Erato, par La Guillermie — Euterpe, par Bellay. — Thalie, par Buland. — Terpsichore, par Dubouchet. Quatre pièces avant la lettre sur chine.

BAYARD (Emile)

8 — La Guinguette du Dauphin couronné, par A. Lamotte. Epreuve avant la lettre.

9 — Un Baptême, par A. Lamotte, grand in-fol. Belle épreuve sur chine.

10 — La même estampe. Très belle épreuve avant la lettre sur chine.

BEAUME et PHILIPPOTEAUX

11 — France 1814 — Russie 1812, par H. Garnier. Deux pièces, belles épreuves.

BELLANGÉ (H.)

12 — Le Vieux soldat et sa famille, par Jazet. Très belle épreuve.

13 — La Garde meurt et ne se rend pas. — Bataille de Jemmapes, in-8. Deux pièces sur chine.

BENJAMIN-CONSTANT

14 — Le Récit de l'Esclave. — Le Soir à Tanger, par Morse, grand in-fol. Deux pièces avant la lettre sur chine.

BÉNOUVILLE

15 — Jeanne d'Arc, par Henriquel Dupont. Belle épreuve sur chine.

BERTON (A.)

16 — Cercle de la librairie ; soirée du 3 mars 1887. Deux épreuves en couleur dont une avant la lettre.

BIDA

17 — Les Juifs devant le mur de Salomon, par Pollet, grand in-fol. Epreuve avant la lettre sur chine.

18 — Sujets gravés à l'eau-forte pour les *Evangiles*. Quatorze pièces avant la lettre.

BIEFVE (de)

19 — Le Compromis des Nobles ; Bruxelles, 1566, par Desvachez, grand in-fol. Belle épreuve déch. en haut dans la marge.

BODMER (Karl)

20 — Combat de Cerfs, grand in-fol. Très belle épreuve.

BOILLY (L.)

21 — La Partie de piquet. — A la santé de la Garde nationale. Deux pièces dont une coloriée.

BONNAT (L.)

22 — Victor Hugo, par Léop. Massard, in-fol. Epreuve avant la lettre sur chine.

23 — Christ en croix, par L. Massard. Epreuve avant la lettre.

BRISPOT (H.)

24 — Les Notables ; héliogravure. Epreuve sur chine.

BROCHART (C.)

25 — Jeunes mères avec leurs enfants, par Jouanin. Deux pièces avant la lettre.

BUTIN (U.)

26 — Enterrement d'un marin à Villerville, par Monziès. Belle épreuve.

CHAPLIN (Ch.)

27 — La Dame du chapeau, par Hédouin. — Sapho, par Penet. — Les Premières fleurs, par Toussaint. Trois pièces.

CHAPU

28 — La Pensée, par Levasseur. Belle épreuve sur chine.

CHARTRAN

29 — Léon XIII, en pied, par Courtry. Épreuve avant la lettre sur chine. Signée.

CLAUS (Em.)

30 — Matinée de printemps, par Penet. Belle épreuve sur chine.

COGNIET (L.)

31 — Chasseresse, par Delaistre. Deux épreuves avant la lettre.

32 — Souvenirs de la grande armée. — Hongrie, 1849, par Jazet. Deux pièces.

COGNIET (J.)

33 — Le Printemps — l'Automne — l'Hiver, d'après les peintures de l'ancien Hôtel de ville de Paris. Trois pièces avant la lettre sur chine.

COMTE (P.)

34 — François 1er visitant l'atelier de Benvenuto Cellini, par Rollet. — Charles-Quint visitant le palais de Fontainebleau, grand in-fol. Deux pièces avant la lettre.

CORCOS.

35 — Un concert au bord de la mer; héliogravure. Belle épreuve en couleur.

COSTUMES; CARICATURES

36 — Costumes anciens. Vingt-trois pièces.

37 — Costumes, par Guillaumot. Trente-trois pièces.

38 — Modes. Soixante-dix-sept pièces, la plupart coloriées.

39 Caricatures anglaises. Onze pièces coloriées.

COURT et VAN EYCKEN

40 — Les Colombes, par Cornilliet. — Le Serin chéri par Maile — Avant — Après, par Lelli. Quatre pièces.

DANTAN

41 — L'Atelier de Dantan, par E. Grenier. Très belle épreuve d'artiste sur japon. — Plus une copie par Toussaint.

DAVID (L.)

42 — Les Sabines, par Massard — Léonidas, par Laugier, gr. in-fol. Deux pièces.

DEBUCOURT.

43 — Une soirée chez Mme Geoffrin, d'après Lemonnier, grand in-fol. Très belle épreuve.

44 — On n'passe pas — Après vous, sire! d'après Charlet. Deux pièces, très belles épreuves toute marge.

DECAMPS

45 — Singes musiciens, par Z. Prévost. Epreuve avant la lettre, toute marge.

46 — Paysages gravés à l'aquatinte, grand in-fol. Deux pièces avant la lettre.

DE GESNE (A.)

47 — La Curée, par E. Vernier. Epreuve avant la lettre sur chine.

DELACROIX (Eug.)

48 — Les Massacres de Scio, par J. Pelissier, grand in-fol. Epreuve avant la lettre sur chine.

49 — La Barque de Dante, grand in-fol. Très belle épreuve avant toute lettre sur chine.

DELAROCHE (P.)

50 — Le général Bonaparte franchissant les Alpes, par Alph. François. Très belle épreuve sur chine.

51 — Marie dans le désert, par Ach. Martinet. Epreuve d'artiste sur chine. Avec dédicace.

52 — Béatrice Cenci, par Ed. Girardet. Belle épreuve sur chine.

53 — Scène de la Saint-Barthélemy, par Prudhomme. Belle épreuve.

DELARUE (F.)

54 — Jeux et ccstumes, sur fond noir, in-fol. Belle épreuve. Rare.

DEMONT-BRETON

55 — La Lessive, par P. Leterrier. Epreuve avec remarque. Signée.

DÉSANDRÉ

56 — Le Nid abandonné, par P. Allais. Epreuve avant la lettre.

57 — Dans le parc. — Après déjeuner, par J. Ballin. Deux pièces sur papier de chine.

DÉSANDRÉ ET **LINDER**

58 — Départ du petit mousse. — Retour de l'officier, par Ballin. Deux pièces avant la lettre sur chine.

DESBOUTIN (M.)

59 — Son portrait avec grand chapeau. Belle épreuve.

60 — Portrait de M. Henri Rochefort. Belle épreuve.

DORÉ (G.)

61 — Rossini sur son lit de mort; eau-forte originale. Epreuve avant la lettre sur chine.

DUPRÉ (J.)

62 — Paysage, par Greux. Epreuve avant la lettre.

DURER (A.)

63 — Les Effets de la jalousie. Belle épreuve.

EX-LIBRIS, ADRESSES

64 — Ex-libris anciens. Neuf pièces.

65 — Ex-libris M. du Seigneur. Deux épreuves dont une non terminée.

66 — Adresses modernes. Douze pièces.

67 — Menus, adresses, ex-libris modernes. Dix pièces.

FANTIN-LATOUR

68 — A la mémoire de Robert Schumann. Belle épreuve.

FLAMEN (A.)

69 — Vue du faubourg et église de Saint-Victor. — Une partie du village de Gentilly. — Vue d'Alfort de dessus le pont de Charenton. — Vue de la maison de M. de Chateauneuf et village de Montrouge. — Vue de Saint-Germain le Vieil Corbeil. — Frontispice. Six pièces, très belles épreuves.

70 — Vue du Péray du côté de Corbeil. — Maison de M. Le Vasseur et village d'Estiolle. — Chalo Saint-Mars du côté de St-Hilaire. — Vue du château de Péray appartenant à M. Tronson. — Vue du château de Senemon du côté de Soisy. Cinq pièces, très belles épreuves.

FLANDRIN (H.)

71 — Peintures de l'Eglise de St-Germain des Prés, par Poncet. Six pièces avant la lettre sur chine.

FORNAZÉRIS

72 — Henri IV, roi de France. Très belle épreuve.

FOULQUIER (V.)

73 — Au bord de la mer ; eaux-fortes originales. Deux épreuves d'artiste sur japon.

FRAGONARD (H.)

74 — Liseuse, par Penet. — Berger et bergère couronnés par l'Amour. Deux pièces avant la lettre sur japon.

GAILLARD (F.)

75 — Portrait de Mistral. Belle épreuve sur japon.

76 — Léon XIII, réduction. Epreuve avant la lettre sur chine.

GARNERAY (L.)

77 — Vue de Bordeaux. — Vue de la ville et du pont de Bordeaux, in-fol. Deux pièces, très belles épreuves en couleur.

GAUCHER (Et.)

78 — Le Comte d'Estaing, d'après Sablet. Très belle épreuve, toute marge.

GAUTIER (L.)

79 — Château de Chillon. — Le Rialto, à Venise. Deux pièces.

GAVARNI

80 — Musiciens comiques ou pittoresques, etc. Vingt-trois pièces, la plupart sur chine.

81 — Les Petits bonheurs, par Rouargue. Suite de dix pièces sur chine.

GÉRARD (F.)

82 — L'Entrée de Henri IV à Paris, par Toschi. Belle épreuve.

83 — Le duc d'Anjou proclamé roi d'Espagne, par Alf. Johannot. Epreuve avant la lettre sur chine.

84 — Alexandre 1er empereur de Russie, par Garnier. Très belle épreuve avant la lettre sur chine.

85 — Le général Sébastiani, par W. Dickinson. Belle épreuve.

86 — Daphnis et Chloé, par Richomme. Belle épreuve, lettres grises.

87 Corinne au cap Misène, par F. Girard. Belle épreuve.

88 — Vignette pour les Œuvres de Racine, par Simonet, in-fol. Très belle épreuve avant la lettre, toute marge.

GÉRICAULT

89 — Le Radeau de la Méduse, par Alph. Leroy, grand in-fol. Belle épreuve.

GESSNER (C.)

90 — Le Marché aux chevaux, par Hurliman. Très belle épreuve.

GHIBERTI

91 — Porte du baptistère de St Jean à Florence, gravé au trait in-fol. Onze pièces.

GIRARDET (Paul)

92 — Washington passant la Dellaware, d'après Leutze, grand in-fol. Epreuve avant la lettre sur chine.

GIRON (Ch.)

93 — Les deux sœurs ; héliogravure. Epreuve avant la lettre.

GRÉNIER (E.)

94 — Statue formant le couronnement du monument de Gambetta. — Une dame jouant du piano. Deux lithographies originales.

GREUZE (J. B.)

95 — Le Ramoneur, par Voyez. Belle épreuve.

GROS (le baron)

96 — Bonaparte à Jaffa, par Laugier, grand in-fol. Belle épreuve.

97 — Bonaparte avant la bataille des Pyramides, par Vallot. Belle épreuve.

98 — Entrevue de Napoléon et de Joseph II en Moravie, par Vallot. Epreuve avant la lettre sur chine.

99 — Napoléon visitant le champ de bataille d'Eylau, par Vallot, grand in-fol. Très belle épreuve avant la lettre sur chine.

HAMMAN

100 — Une visite à l'atelier de Murillo, par P. Allais. — Shakespeare en famille, par Manigaud, grand in-fol. Deux pièces.

101 — Haëndel à la Cour d'Angleterre, par P. Allais, grand in-fol. Epreuve avant la lettre.

102 — Les Maîtres de la musique, apothéose, par P. Allais. Grand in-fol. Epreuve avant la lettre sur chine.

HÉBERT (E.)

103 — La Tzigane Dinanir : photogravure. Belle épreuve sur chine.

HENRIQUEL-DUPONT

104 — Son portrait par Ch. Bellay. Epreuve avant la lettre sur chine.

105 — L'Hémicycle du Palais des Beaux-Arts, d'après Paul Delaroche, grand in-fol. en trois planches. Epreuve avant toutes lettres sur chine, non terminée.

106 — M. Bertin, d'après Ingres. Très belle épreuve avant la lettre sur chine.

107 — M. le Vte Henri Delaborde. Très belle épreuve.

HERVIER

108 — Eaux-fortes diverses. Sept pièces.

HILLEMACHER

109 — Mozart faisant exécuter à douze ans sa première messe, par Ledoux. Grand in-fol. Epreuve avant la lettre sur chine.

HOWARD (J.)

110 — Le Rendez-vous. — Le Lancé. — L'Hallali. — La Curée. Suite de quatre pièces imprimées en bistre.

HUSSENOT (J.)

111 — La Dynastie impériale de France, par Masson et L. Massard, grand in-fol. Belle épreuve.

INGRES

112 — Apothéose de Napoléon, par Salmon. Epreuve avant la lettre sur chine.

ISABEY (J.)

113 — Mme Dugazon, par Monsaldy. Belle épreuve en couleur.

JACQUE (Ch.)

114 — Portrait de M. Luquet, avant la lettre. — La Souricière. Deux pièces.

JACQUE (d'après Ch.)

115 — Le Troupeau à l'écurie, par L. Gautier. Grand in-fol. Epreuve de remarque sur japon. Signée.

116 — Moutons dans l'étable, par J. Fouquet, grand in-fol. Epreuve de remarque sur parchemin.

117 — Le Retour du troupeau ; pièce en hauteur, par L. Gautier, gr. in-fol. Epreuve de remarque sur japon. Signée.

JEAN (à Paris chez)

118 — Napoléon 1er en pied. Belle épreuve en couleur.

LA BOUCHÈRE

119 — Luther brûlant la bulle du Pape, par F. Girard, gr. in-fol. Epreuve avant la lettre.

LAFON (E.)

120 — La Bataille de Mentana, par J. Ballin, grand in-fol. Epreuve avant la lettre sur chine.

LANCRÉNON

121 — La Nymphe, par J. Bein. Epreuve avant la lettre sur chine.

LANCRET (N.)

122 — L'Été. — L'Hiver, par Champollion. Deux épreuves d'artiste sur japon.

LANGLOIS

123 — Passage de la Bérésina, par P. Adam, grand in-fol. Belle épreuve, lettres grises.

LAURENS (J. P.)

124 — L'Etat-major Autrichien devant le corps de Marceau, par Laguillermie. Epreuve d'artiste sur japon.

LAVREINCE (N.)

125 — The green plot. — The grove. Deux pièces, belles épreuves.

LE BARBIER

126 — La Douceur. — La Fidélité. — Tendresse maternelle, etc., par St-Amand. Six pièces.

LE BRUN (Ch.)

127 — Le Christ aux Anges, par G. Edelinck, en deux feuilles. Belle épreuve remargée.

128 — Le Passage de Granique, en quatre planches. — La Bataille d'Arbelles, en quatre planches, par Audran. — La Défaite de Porus, en trois planches, par B. Picart. Ensemble trois pièces, grand in-fol.

LEGRAND (Aug.)

129 — La Récréation. Belle épreuve en couleur.

LE GROS

130 — Bonaparte à la bataille d'Arcole, par Longhi. Très belle épreuve, toute marge.

LEHMANN (Henri)

131 — Peintures murales de la Galerie des fêtes à l'Hôtel-de-Ville de Paris, gravées par divers artistes, in-fol. Collection complète de vingt-huit planches en épreuves d'artiste sur papier de chine.

LELLI (L.)

132 — Léopold 1er roi des Belges. — Le duc de Brabant d'après Dekeyser. Deux pièces.

LÉONARD DE VINCI

133 — La Vierge aux balances, par F. Garnier. Epreuve lettres grises, sur chine.

134 — La Vierge, l'Enfant Jésus et un adorateur, par A. Bridoux. Belle épreuve sur chine.

LE PAON

135 — La Fayette en pied. — Le général Washington, par N. Le Mire. Deux pièces.

LETERRIER

136 — Jeune bergère tricottant. Epreuve de remarque sur japon.

137 — Paysage ; la chasse au cerf, grand in-fol. Epreuve avec remarque.

LÉVY (G.)

138 — Portrait du grand rabbin Isodor. — Le grand rabbin Zadoc-Khan, in-fol. Deux épreuves avant la lettre sur chine.

LOVERY (J.)

139 — Lawn tennis, par Daniel Mordant. Epreuve avant la lettre.

LUDOVICI

140 — La Classe de danse, par E. Salmon. Belle épreuve.

LUNOIS

141 — Jeune femme tenant une feuille de musique. Epreuve d'artiste imprimée en bleu.

142 — Menu d'Octave Uzanne. — Adresse de Sagot. — Autre menu. Trois pièces.

143 — Essais de lithographies. Quatre pièces en couleur.

144 — Vignettes et croquis pour l'*Epave* et la *Madone*. Sept pièces.

145 — Entourages pour un livre in-8. Dix pièces à quatre feuillets.

MANESSE (H.)

146 — Portrait de Mgr Thomas archevêque de Rouen, in-fol. Epreuve d'artiste avec remarque.

MANET

147 — Les Courses. Très belle épreuve sur chine.

148 — Mlle Morizot. Deux pièces différentes sur chine.

MARTIN (E.)

149 — Le Billet doux, par J. Watson. Belle épreuve en bistre.

MEISSONIER (d'après)

150 — Une reconnaissance dans la neige, par Lalauze. Epreuve avant la lettre.

151 — Joueur de Mandoline, par Leterrier. Epreuve d'artiste sur Japon.

152 — Le Chant, par Ad. Nargeot. Epreuve de remarque sur japon.

153 — Solférino, par Nargeot. Epreuve d'artiste sur japon.

154 — Le Graveur, par Rajon. Epreuve avant la lettre sur chine volant.

155 — Les Lansquenets, par Girouy. Epreuve sur japon, signée.

MERLE (H.)

156 — La Demande en mariage. — La Visite des grands parents, par Annedouche. Deux pièces.

MÈS

157 — Boucher chez Mme de Pompadour, par Manigaud, grand in-fol. Deux pièces avant la lettre.

MONNET (Ch.)

158 — Allégorie avec portrait de Louis XVI, par Née et Masquelier. in-fol. Deux épreuves dont une à l'eau-forte pure.

MORAN (J.)

159 — Moutons au pâturage. Epreuve d'artiste. Signée.

MURILLO

160 — La Sainte Famille, par Bridoux. Epreuve d'artiste sur chine. Signée.

161 — Ste Elisabeth, reine de Hongrie, par Martinez. Belle épreuve.

MULLER (Ch.)

162 — Marie-Antoinette à la Conciergerie, par F. Ledoux. Belle épreuve.

NANTEUIL (Rob.)

163 — Basile Fouquet (R. D. 97). Très belle épreuve.

164 — Le duc de la Meilleraye (R. D. 118). Très belle épreuve, marge.

NETSCHER (d'après)

165 — Le petit faiseur de bulles de savon ; héliogravure. Epreuve avant la lettre, en couleur.

NORTHCOTE (J.)

166 — La Visite à la grand'mère, par J. R. Smith. Belle épreuve en couleur.

OLIVIÉ et STAMMEL

167 — Les deux amis. — Dans les coulisses ; héliogravures. Deux pièces sur chine.

PATTEIN (Ch.)

168 — Le Retour des champs, par A. Masson. Épreuve de remarque sur chine.

PÉRUGIN (Le)

169 — La Vierge et l'enfant Jésus, par A. Caron. Épreuve avant la lettre sur chine.

PHILLIPS (John)

170 — Le mariage du Prince de Prusse et de la Princesse Charlotte d'Angleterre, par Aug. Blanchard. Très belle épreuve d'artiste sur chine. Signée.

PORTAELS

171 — Le Départ. — Le Retour, par Desvachez. Deux pièces avant la lettre sur chine.

POUSSIN (Nic.)

172 — Ravissement de St-Paul, par Laugier. — Paysages. In-fol. Quatre pièces.

PRUDHON (d'après)

173 — La Lecture. — L'Attention, par Bourgeois. Deux pièces, belles épreuves en couleur.

174 — L'Enlèvement de Psyché, par Aubry-Lecomte. Très belle épreuve sur chine.

175 — Vénus et Adonis, par Sirouy. Épreuve avant la lettre sur chine. Signée.

176 — Portrait de Mlle Mayer, eau-forte in-4. Épreuve avant la lettre sur japon.

PUVIS DE CHAVANNES

177 — Sujets tirés de la Vie de Ste Geneviève, par Thornley. Deux pièces avant la lettre.

178 — Fresque Ste Geneviève au Panthéon, par Masson. — Ste Marie Egyptienne, à St-Merry, par Haussoullier, d'après Chassériau. Trois pièces avant la lettre.

RAFFET

179 — Affiche pour l'*Histoire de Napoléon*, de Norvins, in-4. Très belle épreuve du 1ᵉʳ tirage avec l'adresse de Gihaut.

180 — Personnages de la Révolution. Huit pièces, dont sept avant la lettre.

181 — Vignettes pour l'*Histoire du Consulat*. Trente-trois pièces sur chine.

RAPHAEL SANZIO

182 — Les Sybilles, par Dien. Epreuve avant la lettre sur chine.

183 — Les Trois Grâces, par Forster. Belle épreuve sur chine.

184 — Adam et Eve, par Richomme. Belle épreuve.

185 — La Belle Jardinière, par Pérugini, avant la lettre. — La Vierge de Lorette, par Richomme. Deux pièces.

186 — La Sainte Famille. — La Vierge à la chaise. — Le Mariage de la Vierge. — Les Cinq saints. Quatre pièces.

REMBRANDT

187 — Portraits de Rembrandt et sujets divers. Douze pièces, dont plusieurs belles épreuves.

188 — Rembrandt dans son atelier, par Rajon, d'après Gérome. Epreuve avant la lettre.

189 — Portrait de femme âgée, par Rajon. Très belle épreuve avant la lettre.

190 — Elisabeth Jacobs Bas, par Waltner. Très belle épreuve sur chine.

191 — Le Rabbin, par Waltner. Belle épreuve sur chine.

192 — Les Pèlerins d'Emmaüs ; photogravure. Belle épreuve sur chine.

193 — Reproductions. Dix pièces.

REYNOLDS (J.)

194 — Le duc d'Orléans en pied, par J. R. Smith. Très belle épreuve.

ROBERT (Léop.)

195 — Les Moissonneurs, par Prévost, grand in-fol. Épreuve sur chine.

ROCHEBRUNE (O. de)

196 — Lanterne du château de Chambord. — Flanc oriental du donjon du château de Chambord. Deux pièces. Belles épreuves.

197 — Cour intérieure du château de Blois. Belle épreuve.

ROSA BONHEUR

198 — On the alert, par A. Gilbert, grand in-fol. Belle épreuve.

199 — Tête de lion, d'après le tableau du Musée de Madrid. Belle épreuve sur chine.

200 — Halte de chasse, par L. Gautier. Épreuve d'essai avant toute lettre.

201 — Cerfs au repos, par L. Gautier. Épreuve de remarque sur japon. Signée.

202 — Attelage nivernais, par Pichard, grand in-fol. Épreuve avant la lettre, non terminée.

ROSSI (L.)

203 — L'Été ; photogravure. Belle épreuve en couleur.

ROYER (L.)

204 — Cythérée, par Penot. Belle épreuve imprimée en bistre.

RUBENS (P. P.)

205 — La Descente de croix par Claëssens. Très belle épreuve.

SAINT-AUBIN (Aug. de)

206 — Le réfractaire amoureux. Belle épreuve.

SAUNIER (N.)

207 — Gladiateurs et bestiaires se rendant au cirque, par Isnard Desjardins, grand in-fol. Belle épreuve.

SCHEFFER (Ary)

208 — Les Orphelins, par Alf. Johannot, avant la lettre. — Les Enfants égarés. — La Veuve du marin, avant la lettre. — La Veuve du soldat, par Girard. Suite de quatre pièces, très belles épreuves.

209 — Laissez venir à moi les petits enfants, par Lamotte. — Jésus au jardin des Oliviers, par Ledoux. Deux pièces avant la lettre sur chine.

SCHOPIN

210 — David dans le camp du Saül. — Samson et Dalila par Manigaud, grand in-fol. Deux pièces.

211 — Un Songe, par Cornilliet, grand in-fol. Belle épreuve.

SEYMOUR-LUCAS

212 — L'Armada en vue, par Paul Girardet, grand in-fol. Belle épreuve sur chine.

SÉZANNE

213 — Le canal, la pluie, la cascade, etc. Neuf pièces imprimées en couleurs.

SIGNOL et BÉZARD

214 — Peintures de l'église St-Eustache, par Bertinot, Deveaux et Haussoullier. Six pièces avant et avec la lettre.

TAUNAY

215 — Foire de village, par Descourtis. Belle épreuve en couleur ; glomisée.

THOUVENIN

216 — Autant en emporte le vent, d'après F... Très belle épreuve en couleur.

TOUDOUZE

217 — La Fête du grand-père, par Muzelle, grand in-fol. Epreuve avant la lettre sur chine.

TOULMOUCHE (A.)

218 — Un Mariage de raison. — Les Amies de pension, par Lurat. Deux pièces avant la lettre.

219 — Sourires. — Larmes, par Eichens. Deux pièces avant la lettre.

VALLIN

220 — Jupiter et Léda ; petite pièce pour dessus de boite. Très belle épreuve imprimée en bistre.

VANDYCK (Ant.)

221 — Charles 1er roi d'Angleterre, en pied, par Desvachez. Très belle épreuve sur chine.

VANLOO (C.)

222 — Halte de chasse, par Edm. Hédouin. Belle épreuve sur chine.

VERNET (C.)

223 — Eh! c'est ce cher ami — Le Petit Coblentz, par Loiselet. Deux pièces coloriées.

VERNET (H.)

224 — L'Invasion, en 1814, par F. Girard. Epreuve avant la lettre.

225 — Napoléon III à cheval, par Ach. Martinet, grand in-fol. Epreuve avant la lettre sur chine.

226 — Une messe en Kabylie, par Paul Girardet, grand in-fol. Epreuve avant la lettre sur chine.

VERNIER (Em.), etc.

227 — Tricoteuses cancalaises au bord de la mer. — Intérieur de l'Atelier de Guttemberg. — La Fête de Rose — Le Bon Samaritain, etc. Huit pièces.

VÉRONÈSE (Paul)

228 — Jésus chez Simon le pharisien, par Z. Prévost, grand in-fol. Belle épreuve sur chine.

VUES.

229 — Vues de France. Quarante-six pièces.

230 — Vues de Paris et de France, de petit format. Quatre-vingt-neuf pièces.

231 — Vues de France et étrangères. Quarante-huit pièces.

232 — Vues des environs de Metz, gravées à l'eau-forte, par Bellevoye. Huit pièces.

233 — Plans et cartes anciens. Vingt-neuf pièces.

234 — Vues d'optique. Dix-sept pièces coloriées.

235 — Vues diverses, de grand format. Dix-huit pièces.

WAFFLART

236 — Le Chien de l'aveugle. — Le Chien de l'hospice, par Dibart. Deux pièces, très belles épreuves.

WATTS (G.)

237 — Sir Fréderick Leighton, peintre, par Rajon ; in-fol. Belle épreuve.

WAUTERS

238 — Dante et Béatrice. — Pétrarque et Laure, par Ledoux. Deux pièces avant la lettre sur chine.

239 — La folie de Hugo Vander Goes. Epreuve avant toutes lettres. — Plus une copie gravée sur bois.

WILLMANN (Ed.)

240 — Vue de la Havane, grand in-fol. Epreuve avant la lettre.

241 — Vues de Suisse, in-fol. Deux pièces avant la lettre.

GRAVURES EN LOTS

242 — Lithographies par et d'après Joseph Félon, O. Guet, Gudin Roëhn, Colette, Perrot, etc. Douze pièces.

243 — Lithographies. Vingt-sept pièces.

244 — Eaux-fortes par Ch. Jacque, Daubigny, etc. Quinze pièces.

245 — Bois sur chine, par Baude, Roberts, Lavieille et autres. Trente-deux pièces.

246 — Ornements anciens. Trente-trois pièces.

247 — Anciens modèles de tapisserie à la main. Trente-cinq pièces en couleur

248 — Fortifications, machines de guerre, mécanique. Environ cinquante pièces anciennes.

249 — Antiquités assyriennes. Treize pièces.

250 — Gravures anciennes. Vingt-huit pièces.

251 — Gravures anciennes. Cinq pièces, réimpr.

252 — Gravures diverses anciennes. Cinquante pièces.

253 — L'Art au XVIIIe siècle. — L'Ameublement à l'Exposition de Philadelphie. — Costumes de la Cour de Bourgogne. Un lot.

254 — Académies de concours. Six pièces.

255 — Portraits modernes, in-fol. Dix-neuf pièces.

256 — Un lot de lettres autographes.

257 — Héliogravures d'après Grigoresco. Cinq pièces.

258 — Héliogravures. Huit pièces et une photographie.

259 — Gravures diverses, in-fol. Dix pièces.

260 — Sous ce numéro seront vendus plusieurs cartons de gravures.

Grande imprimerie du Centre. — A. HERBIN, à Montluçon.

www.ingramcontent.com/pod-product-compliance
Ingram Content Group UK Ltd.
Pitfield, Milton Keynes, MK11 3LW, UK
UKHW020531180726
13839UKWH00005B/2441